AF607464

Poemario de la historia de un momento

EL RINCÓN MÁS OSCURO DE MI CORAZÓN

Rober Rodrigo

Corrección: Eladia Guerrero
Diseño de cubierta: Aliar Ediciones
Maquetación: Aliar Ediciones

Depósito Legal: GR 1472-2024
ISBN: 978-84-10374-79-9

Impreso en España

Edita
ALIAR Ediciones
www.aliarediciones.es
info@aliarediciones.es

Poemario de la historia de un momento

EL RINCÓN MÁS OSCURO DE MI CORAZÓN

Rober Rodrigo

A Feliz y a Floren.
A mi madre.

INTRODUCCIÓN

Poemario de la historia de un momento

Lo que desde hace años mis vísceras y entrañas vomitan, sea pensado, trabajado o improvisado, se junta, se mezcla y se acompaña para formar una increíble y preciosa criatura (al menos para mí).

Esto que se ve aquí es el rincón más oscuro de mi corazón, el canto a los peregrinos de mi vida y la demencia de un aprendiz de poeta.

Son poemas, fábulas, cuentos y reflexiones. Son mentiras y son verdades. Son mi vida y mi muerte. Mi peor daño y mi mayor suerte.

Son nubes, claros. Son llanos y guijarros.

Son mi viaje, camino, cauce, parada, agua y descanso.

Son destino. Son momentos.

VIAJES MENTALES

Huele a humo

La ciudad huele a humo y a humedad.
A añoranza y templanza.
A sucios y denigrados.
Rateros e inhumanos.

Huele a chustas apuradas, cartones de vino.
Cenizas, sudor, sangre.
A botellas vacías, a charlas en rincones.
A contrabando y a payasos.
A marcas de perro, gatos callejeros.
Maullidos buscando atención y tubos de escape.

Huele a carreras infantiles, pavo adolescente
y eses en algo que llaman edad adulta.
Huele a bilis y a heces.

Poesía en ventanas iluminadas en la madrugada.
A camas deshechas, incienso y raíces.

Huele a montaña, sierra, serrín en carreteras.
Huele a final de otoño.

Noviembre. Señales entre el caos

Domingo, 20 de noviembre.

No sé si buscar una frase motivacional, de esas que están de moda, o volver a rezar ya como rutina «putos domingos».

Paso la mañana entre recuerdos de historia, alambiques y secretos que no debo ni nombrar.

Recuerdos de resaca y alguna que otra hostia que me metí que pertenece a las lagunas.

De cómo se me calienta la boca con la ginebra y el orujo, de cómo mi lengua se mueve sola y de cómo provoca que mi presencia esté en continua vergüenza.

Y vienen a verme preguntas sin porqué.

Quiero llorar, no sé por qué ni soy capaz. Hago prosa en cabeza y versos en manos. Me gusta el frío pero echo de menos la primavera. Me gusta estar solo pero me abruma la soledad.

Y en logias antiguas se pierden mis neuronas, las pocas despiertas, porque las demás, durmiendo entre llantos, no entienden esta vida y nadie las consuela.

Otra tormenta

Pregunto y escondo
a partes iguales
preguntas y respuestas
que derrocho a raudales.

Con sus precipitaciones solemnes
calman con destreza la tormenta
despierta en mi cabeza.

Fin

Finalizar con otro intento de rimar,
para decirlo más alto,
que he firmado
que quería contigo despertar.

Lo he sentido.
Lo he hecho.
Un pedacito de mí
te lo he dado a ti.

He arrancado un papel
para poder ser.
He arriesgado
para ver si gano.

Lo he sentido,
tal vez me ha dolido.
Mejor así
para poder sentir.

Habrá otros intentos,
seguro que mejores.
Más contento
donde me sonroje.

INNATO

Tormenta

La crueldad de la tormenta
nos reconforta,
nos aísla,
nos agrada y tranquiliza.

Nos gusta, nos atrae,
nos guarda y nos enloquece.

Nos viste y nos desnuda.
Nos limpia cuando la lluvia cae.
Y nos enseña cuanto aparece.

Solo un viaje

Mi vida es solo un viaje
y quiero compartirlo contigo.
El camino un simple viraje
y tu corazón mi destino.

Senderos, montañas y praderas.
Verdes, blancas y negras.
Campos, ganados y la rocosa
unen mi tierra con la leonesa.

Mi fetiche por el oeste.
Indios y vaqueros.
Bandolero sin pestes
y apátridas sin dueños.

Mi pasión por el norte.
Mi vida en el tablero.
Con malabares por el borde,
sin sendero recto.

Oeste y norte.
¿Dónde querrá llegar
este demente?
Piensa dónde estás,
pues ahí es donde quiero llegar.

Gris en total

Hay días de luz y oscuridad.
De claridad, de inspiración.
Motivación.
Mierda y desesperación,
luego nada que recitar.
Agobiar, cansar.
Pensar y morir.
Esto no es para mí.
Luz y oscuridad,
gris en total.
Solo motivación,
solo inspiración.
Poemas y poetas,
dulce rebelión.

El rincón más oscuro de mi corazón

Quisiera contar lo que siento al escribir.
Tardía forma en la que empezar a vivir,
vergüenza al sentir
cómo mi corazón dejo invadir.

No quiero escribir unas simples palabras,
intento enlazar en estrofas cada bocanada
de esperanza que ilumine el alma
y que me guie en la cruzada.

Mostrar el rincón más oscuro de mi corazón
al escribir cada trozo de canción.
Sin cuidados, juicio ni precaución
mis pensamientos se mueven bajo la inspiración.

No quiero ni pretendo parecerme a nadie,
bebo de cada poesía que me irradie
y que escuchar merezca la pena,
que no sea una simple escena.

A la música arrullo.
Cada verso reconstruyo.
Mi derrota intuyo.
Mi presente destruyo.

Encontrar evasión en lápices y notas
aun recibiendo hostias en la boca
de tanto andar con las botas rotas.
Nunca me rendiré, sigo fiel a mis pelotas.

Me da igual lo que de mí quieran pensar,
sé muy bien cómo debo improvisar,
dónde debo de estar
y cómo cada día a mí mismo impresionar.

Desnudarme delante de un papel.
Desnudarme con cada letra.
A mis ideales sigo fiel,
no me gustan las fronteras.

Definirme como diferente y loco,
amar mi desboco.
Me la suda si me equivoco,
más libre que nunca, en mi locura desemboco.

Hablando de prioridades,
solo me importan mis libertades.
Y lo único que cuento, es que cuento
los días, hasta que me cuentes el cuento
de que mi libertad eres tú.

Floren

Serás mi consuelo y salvación.
En el rincón más oscuro de mi corazón,
en esta pequeña ilusión,
te recuerdo en mi más sincera canción.

Un canto a los peregrinos,
aquellos que abren los caminos.

—Dime, ¿cómo te ha tratado la vida?
—Bien, hijo mío.
Después de esto tengo que tragar saliva.
—Bien, hijo mío.

Esos pantalones de pana,
en la cabeza esa maraña,
a la hora en que los gallos cantan.

Ir a por agua a la fuente.
Acompañarte a los vasos.
Quejarnos de objetos caros.
Muchos más recuerdos en mente.

Cada día soñaré
con volverte a ver.
Cada día recordaré
aquellas palabras que me regalabas,
aquellos besos que me dabas
y que en mis sueños me acompañabas.

Vuela,
libre de miedos y remordimientos,
libre de reyes y fronteras.
Vuela,
libre de dolor y sufrimiento.
Vuela libre de cuerpo y ceniza.
Libera tu alma y ser.

Buen viaje, amigo peregrino,
llega lejos y disfruta las vistas.
Has sido buen compañero,
aquí nos quedamos tus queridos.

No sientas pena por los muertos,
siente pena por los vivos,
por aquellos que han vivido sin amor.
Tú has disfrutado del amor, de tu mujer, familia, hijos y nietos.
Has vivido con amor y alegría.

Mil besos te daría.
Y diría cosas que regalarías y recordarías.
Vuela,
libre de le leyes y cadenas.

Buen viaje, abuelo.
Sueña libre.
Nos veremos algún día.
Te quiero.

Mes de julio

La almohada ha conocido
las lágrimas que derramo
al recordar tu ausencia
cada día del año.

Mi mente ha soñado
con volverte a ver en verano,
en tu cumpleaños.

No consigo superar
tu despedida
al darme la mano.

Consigo reír
al recordar tu sonrisa.
Consigo soñar
con abrazarte sin engaño.

Vuela y cruza el mar,
sueña y haznos amar.

En el rincón más oscuro de mi corazón
hay un hueco donde solo entra tu consciencia y tu valor.

Sin quejas afrontaste el final de tu camino,
asumiste sin palabras tu destino.
Tu recuerdo sigue vivo,
por eso te escribo.

Tú sigue volando,
yo seguiré contigo soñando.

Recitar

Imaginad
que este trozo de recitar
nunca se acabará.

Pues siempre quedarán
verdades arriesgadas
que decir y pensar.

Y empezó a darme órdenes,
a mí, yo, que era de inercias.

La niebla no me deja mirar,
la mierda no me deja avanzar.

¿La verdad?
Es que no sé qué hago aquí.
¿La mentira?
No se me ha olvidado escribir.

El pasado
me la suda,
el futuro
me es indiferente
y el presente
no me brinda remedio a esta locura.

Que hago cada día sin temor a nada.
Que vivo cada día sabiendo el final.

LAS CANCIONES MÁS SINCERAS

Tercer aniversario

Hoy es un día triste y raro.
Hoy es un día de recuerdos,
de esos que se marcan a fuego.

Hoy hace 3 años que te escribí.
No sabía cuánto duraría.
Hoy es el día, en fin.
Por volverte a ver, todo lo daría.

Hoy es un día raro y triste.
Marcado, señalado y gris.
Hoy es ese día, en fin.

Solo, marchitado y amargado,
en este mediocre presente
no sé qué decir.
Escribir se me ha olvidado,
solo hago por sobrevivir
de manera inconsciente.

Ídem

Ídem de lo mismo,
ídem además,
ídem a lo desconocido,
ídem sin más.

Un viaje sin equipaje y un paso hacia la verdad.
Un camino de aprendizaje.
Sin andamios.
Ídem a la realidad.

Plantados en tierra

Él creía en la libertad y bondad de los actos.
Ella, Feliz, de estar a su lado y en dedicación a su nombre
plantaba Flore, rosales y tallos.

Le gustaba ver cómo corría el agua,
cómo regaba.
Toda la vida con las manos y los pies plantados en la tierra,
porque guardia no quiso ser.

IMPROVISACIONES

En carne viva

Hoy he vuelto a solo dormir
porque la echaba de menos.
Y para volverla a sentir
me he acordado de ella antes de dormir.

Mi compañera me ha dado calor
y gracias a ella me he acordado de su olor.
La necesidad y deseo
mi mano los ha hecho presos.

Fuera la alegría.
Te espero otro día.
Ahora sí, a dormir.
Mañana volveré a acordarme de ti.
¡A SENTIR!

Ruge el deseo

Quiero ser el único que viva en tus sueños.
Quiero ser en tu noche el destello
que alumbra tu camino
y juntos escribamos nuestro propio destino.

Ruge el deseo contenido
y solamente pido
que este fénix de sus cenizas
resurja y viva.

Hacer una cueva en las nubes,
escondernos y ver
que de este mundo debemos escapar
y juntos volvamos a soñar.

Olvidarme en sueños de las letras,
arrepentirme con cada estrofa.
Sueño con libros quemados
y deseos abandonados.

Nexo contradictorio
del sueño y dueño.
Ser mi auditorio,
no le pido más a mi sueño.

Pesadillas

Mi mejor amante tiene cinco parches golpeados
que relució sueños desenterrados,
haciendo oídos sordos aquellos caballeros sordos
donde solo mandan desbocados potros cortos.

Pensamientos desencadenados
en historias encantadas
donde les dan por culo a las hadas
y solo importan ilusiones y retos descontrolados.

Infantes muertos.
Quemados huertos.
Nubes negras
sin hitos de grandeza.

Virtudes y taras
en mi mente macabra.
Ratas y cabras riendo,
con pesadillas moviendo
ritos satánicos
en suelos volcánicos.

Los ángeles juegan
a matar sin descanso
y con dolor pegan
corazones desdeñados.
Y hacen de la muerte
su mejor suerte.

Bienvenidos al rincón más oscuro de mi corazón,
donde no tiene cabida mi razón.

Solo los pensamientos y palabras
de una mente enferma
pueden marcar el camino
de nuestro destino.

En esta sinrazón
ninguno pertenecéis a mi rincón.

Mierda de poeta,
mierda son mis poemas.
Cara es la brisa
y dura mi sonrisa.

La hora encarece
en la que mi flor florece.
Y tira por el suelo ilusiones
echando raíces en alucinaciones.

Solo privar

Solo privar
y yo pensando en recitar.
Solo pedir
y yo todo por ti.

Me dijiste que te escribiera,
te escribí.
Me pediste que te describiera
y lo hice por mí.

Pedir y privar.
Y que te regalara un recitar.
Joder,
no me salía ná.
Me escondí
y empezaron las órdenes.
Desaparecieron nuestros bienes,
por mí.
No, no quería estas bestias.
Lo siento,
es lo que pienso.
Yo, que soy de inercias.

Destino

Preguntarle al destino
que por qué le escribo.

Yo que sigo siendo yo mismo,
que forjo mi propio camino
sin las decisiones de su sino.
Y que más muerto que nunca,
yo me siento vivo.

No hay consuelo

No encuentro consuelo ni en canciones,
ni diarios, ni adicciones.
Me he despojado de todo, me he quitado
hasta de lo que no me ponía.
Solo me quedan las palabras,
el pensar mañanero y el *sinsaber* nocturno.
Qué consuelo es ese cuando tres mil cuerdas
lastran mis pasos y no lo encuentro.

LETANÍAS PERENNES

Sueño de un crío

Es el sueño de un crío
transformado en delirio
en este cuaderno a mano escrito.

Rozó la perfección
de las letras.
Y fue la muerte de la imaginación
y la crucifixión de sus poemas.

No tuvo mejor suerte
ni se sostuvo en su mente.
Y salió a volar
transformando aleteos en cantos
y en vida la muerte,
tiros sin encanto
y destellos de llantos.

Hastiado

He acabado hastiado
de la realidad,
estoy cansado
de aguantar.

Me callo
para no darle más,
me paro
sin dejar de pensar.

He sido malo
de alguna realidad.
Fui bueno
hasta que no pude más.

Se acabó el *calo*,
viene la vanidad.
Reproches
y engaños.
La verdad.

Forcé los broches
que me ensuciaban,
marchitaban
y no me dejaban respirar.

Me duele el pecho,
me voy a infartar.
Aun en el lecho,
aun al recitar.

Estoy cansado,
malherido,
exhumado,
y descolorido.

Váyanse,
tuertos del abismo,
déjenme
conmigo mismo.
Lárguense,
denme un respiro.

Se acabó,
ya no habrá más de mí.
Se marchitó
lo que recordaba de ti.

Días de lluvia

Días de lluvia y roto corazón,
de agobio y desazón.
De mente en blanco y nada de valor.
De días negros y falta de color.

Idas y venidas.
Tirar para no acabar.
El pez se murió
en su seco manantial
y la estepa se marchitó
por su falta de regar.

Dame una señal,
algo de valor,
algo para el corazón
y algo por lo que llorar.

Algo por lo que luchar,
algo de verdad,
de verdadero color,
y algo de calor.

Metáforas e historias inventadas,
ánforas reventadas.
Ya no queda nada en mí.
Solo quiero vivir.
Miedo en rama,
no me sostiene ni mi cama.
Lo siento
por caer en el abismo

Baori azulejado

En un baori azulejado
te oí reír en un eco alejado.
Creo que te vi arriba asomado,
en un sinfín de escenarios inventados.

Mis pies descalzos.
El suelo inundado,
no de lluvia ni manantiales,
sino de lágrimas de tus hermanos.
Sus brazos regados
alzaron los puños
para recordarte a su lado.

Se cayeron las cerámicas
y quedaron las cales.
Y en sus rugosas paredes
se vieron tus dibujos a deidades.

Se cayeron las cales
y se vieron los escalones,
por donde bajan los leones
para empaparse de tus verdades.

En esta manada
nadie sabe a qué pertenece,
al caduco o al perenne.
Todos echan raíces,
pero ninguno se sostiene.

En esta desbandada
todos huyen en camino recto
y chocan con las paredes.

En esta bocanada
de aire fresco
elegí mi camino de libertades.

Hui,
fue lo correcto.
Pero no elegí
el camino recto.

Con tramos de maleza,
barrancos, montañas,
piedra, arena
y hojas secas
elegí el camino deseado
para no encontrar ni rey ni amo.

Camino

Un idilio
del recuerdo engreído.
Un delirio
de algo ennegrecido.

Camino, pienso y respiro.
Y visto este lugar
con vestidos de libertad.

Guardo mis armas
y aprendo a callar.
Me empiezo a desnudar
y solo conozco libertad.

Camino, pienso
y respiro verdad.

El acto

Cansado de despotricar
me dispongo a esta historia contar.
El acto en el cual escondí
todo aquello que algún día sentí.

No existe lugar
donde se pueda dibujar
el proyecto
de la que mi mente es presa.

Un canto al sueño
del que no tiene dueño.
Un canto al rincón
más oscuro de mi corazón.

Pocos saben que para mí
una prioridad fue la de escribir.
Pocos saben que ser de esto preso
se ha convertido en un deseo.

Aspirar a más
para superar lo increíble.
Sobre fantasías volar
para hacerlo visible.

Algunos me pedisteis que escribiera
aquello que demostrara
y que describiera
que uno se puede esconder detrás de cada palabra.

No busquéis mi mejor versión,
se la ha llevado el aire.
Dejando triste esta canción
y asegurando que el futuro arruine.

Un intento frustrado
de demostrar que no conozco límites,
ni cuál será mi legado,
ni dónde estará mi escondite.

Romper con las normas,
las barreras y las fronteras,
despotricar de todas las formas
y cagarme sobre todas las banderas.

Con total naturalidad,
hago del escribir mi habilidad
de decir lo que siento, con la finalidad
de escupir para encontrar la felicidad.

Siento la necesidad de decir palabrotas
para aliviar pesos y lastres.
Siento la necesidad de decir gilipolleces
para olvidar malas historias.
Siento la necesidad de visitar nuevos lares
para alejarme de ciudades llenas de heces.

Superar con creces todo lo que escribo
y decirle al destino
que sigo estando vivo.
Que solo yo marco mi camino.

Buscar en el bosque de las canciones
dónde encontrar más cojones.
Decir que esto no es un simple cuento,
que intento vivir como pienso.

Los años pasaban
y en los huevos parecían salirme canas.
En esto me metí
y detrás de libros y canciones me escondí.

Ahora este libro invento,
terminarlo es mi deseo.
Son tantas cosas las que decir
y son muchas más las que vivir.

En el acto en que escondí
mensajes y verdades,
todo aquello que sentí.
Todo desordenado,
que aún es posible creer
que este es mi legado.

Esclavo del tiempo

El sol un día se sonrojó
dejando la luz de lado
y la luna soñó
estar junto su amado.

El amanecer oscuro se despertó,
alargando la tristeza, para abrazar el lazo
sobre la muerte, el cual rondó
para hacer frío su abrazo.

Sobre la cumbre, la niebla se detuvo para saborear
la hiel de las entrañas que hizo brotar
y la puñalada que su propio cuerpo le dio.
La lluvia fría le calentaba el cuerpo, sobre el suelo tumbado,
y el charco de la amargura le hizo sentir abandonado.
La esperanza se esfumó y la verdad en su cuerpo se olvidó.

A flores por fuera, a mierda por dentro,
así huele el esclavo del tiempo.
Esperó y desesperó en el intento frustrado
de querer ser alguien amado.

En el camino se quedó abatido,
firmó su último latido.
La cruda realidad
lo hizo presa de la antigüedad.
Pasea por una calle llena de ratoneras sin salida
con la única garantía de que tu vida junto a la mierda está.
Desperdicia las oportunidades que da la vida.
Y en su mejor fiesta organizó su despedida.

LUCHAS INTERNAS

Improvisaciones de sofá

Se me olvidó escribir,
abandoné un sueño,
pasé de vivir
preso del dueño.

Mi cabeza dispara
recuerdos y daños,
mi corazón anhela
olvidar el antaño.

Me dejé invadir,
me dejé vencer
y las alas cortar.
Me dejé quemar,
me dejé oscurecer
y mi vida destruir.
Este es el fin.

Conversaciones entre el otro y el yo

Gracias a escuchar a Romero cantar
aprendo a improvisar
y me sirve de musa al despertar.

Mi vida es un continuo viaje
a un lugar nada incierto:
mi libertad.

Voy andando por mis propios senderos,
puedo encontrarme conmigo mismo en el camino,
puedo acompañarme
o guiarme
pero nunca encadenarme.

Puedo ir de la mano,
como buen hermano
y en letanías hechas cantos.

Pero si el camino
me lleva a un cerco,
yo
no te sigo.

Ruidos

Ruidos de planetas enanos,
bosques quemados
y ríos abandonados.

Ruido de silencio,
ruido de vida.
De crecimiento.

Afloja y tira,
desgracia o suerte.
Alma convenida.

Gracia y muerte
en largas avenidas.

La perfección
es la muerte de la imaginación.

Locuras, palabras,
frases, ideas,
pensamientos,
viajes y torturas.

Nada me vale.
Solo.
Ya no hay gris,
solo blanco.

Inherente

En el camino inherente
que decide mi mente,
que conozco
y que me saca del pozo.

Me regala lluvias
sin encanto
y me quita días
de este engaño.

Preso de la realidad,
de la suya o de la mía.
Es cierto,
me da igual.
Ha muerto
mi luz guía.

Voy andando
por caminos de soledades.
Para ir sembrando
en sus orillas mis libertades.

Mucho que pensar
y nada que recitar,
es inherente a esta realidad.

Bajo un cielo de nubes negras,
en una llanura desierta,
la tormenta oculta
el grito de mi pecho.

Me di cuenta de que viví.
Y en lluvias
se hace el lecho
donde terminan mis libertades.
Y cuando terminan mis días
encontré mis verdades.
Luché, grité y por fin morí.

Aprendiz

Soy un aprendiz de poeta
cansado de historias de bragueta,
de recuerdos
y sueños rotos.

Soy la mierda de mis poemas,
lo escondido,
lo dibujado
y lo bonito.

Soy el reverso de mis letras,
lo oculto a la vista
y lo oculto al mundo.
Escondido ante cualquier humo.

Soy la vista mojada
aun en mejillas secas.
Las lágrimas internas
que solo saben mis poemas.

Soy yo,
solamente yo,
lo poco de poeta
y la mierda de mis poemas.

Lucha interna

No sé cuándo callarme.
No hago más que dudar.
No consigo agotarme de pensar.

Mi cabeza es independiente,
mi mente mediocre,
mi corazón valiente
y mi vida una lucha pobre.

Silencio

Cansado de respirar, de vivir,
de dar,
pensar y regalar.
Y nada recibir.

Silencio.

Cansado de este mundo mudo.
De ese sitio ciego,
marchitado y dañado,
del amor viudo
y de las ganas que ni tengo.

Instintos

Si quieres que escriba una canción
busca en el punto de inflexión
que existe entre la locura y la razón,
en el rincón más oscuro de mi corazón.

A tu lado no muero de sed
al poder comprender
que cuando giro la esquina de la locura
se me aparece tu figura.

No encuentro otro placer
que instrumentos abrazar
y de las canciones beber
cualquier letra que me haga vibrar.

No encuentro otra forma de vivir
que en mi locura ser feliz
y en tu cuerpo descubrir
que junto a ti no puedo dormir.

Leer cada papel,
verte en aquella foto
de aquella tarde sabor a miel.
Desde entonces soy de ti devoto.

Agua,
que con tu agua me sobra la sed,
incoherencia a punta pala
en estas putas mentes desordenadas.

Sabed que sé todo lo que debo saber
del saber de tu ser.

Coraza

Siempre aspiro a lo imposible,
al hacer creíble
que este sueño no es invisible.
Y que cada vez me vale más
lo imprevisible.

A mi mente inasequible,
imprevisible,
a mi locura increíble
y a mi corazón inaccesible
les doy gracias al hacerme
invisible e invencible.

Quiero desaparecer

Quiero un descanso entre olivos y sembrados.
Puedo y quiero decir lo que expreso.
Y en las palabras escondidas macabras
indirectas y miradas mojadas.

Eché de menos unas palabras
aunque fueran de bocas desordenadas.
Eché de menos tu voz.
Nunca podré decir a tus labios que no.

Me quiero alejar
de esta realidad.
Quiero desaparecer
para poder volverte a ver.

Mi legado

Este es mi momento,
este es mi legado,
escuchad atentos,
este es vuestro regalo.

En mi lucha interna
otro lleva la ventaja.
Va ganando la batalla
por no tener yo la mente despierta.

En estos días
no tengo nada que decir.
En esta puta monotonía
se me ha olvidado escribir.

En esta vida
se me ha olvidado vivir.
Y en las utopías
se encuentra mi lugar.
Pero no es este de aquí.

Ya no sé qué decir.
Ya no sé qué vivir.
Tampoco sé qué debo escribir.

El deseo anhelado del sueño equivocado
me hizo ser este ermitaño
de este cuaderno en blanco.

Voz

Sin cabida ni razón
solo existe este oscuro rincón.

Un aprendiz de poeta,
demente y malacostumbrado,
errante de este mundo
podrido e inhumano.

Cansado de la poca paciencia,
de falsos e interesados,
de discusiones y engaños.
Solo le consuela su ciencia.

Pasado y futuro olvidado.
Solo, solo él,
por el presente caminando
sin saber quién es.

No lo sé,
un regalo tal vez.
Una nueva oportunidad
para volver a soñar.

Despertar, pensar, escribir y recitar.
Sueña con una revolución
para su triste corazón.
Solo hace falta coraje, valor y voz.

Mi único yo

Un último esfuerzo
para alzar la voz,
se encierra en mi cuerpo
mi único yo.

El último momento de un suspiro,
en la ley innata,
de este encierro
convertido en delirio.
En mi mente basta
con gritar en un concierto.

¡Aaaahhhh!

Que se quiebren los cielos,
que se caigan los dioses
y que se quemen los velos.

Ni siquiera yo

Mierda de lugar.
Lejos de toda dignidad
no ofrece ningún refugio.
Solo un deshecho abismo.

Páginas en blanco,
páginas procesando.
Mente en negro,
la mente desde cero.
Recuerdos en gris.
Los recuerdos de un infeliz.
La vista cegada
y la vida mojada.

No hay inspiración.
Ni para este rincón
ni para el corazón.
Ya lo predijo la canción.

Bienvenidos al oscuro rincón
de mi corazón,
donde nadie tiene cabida ni razón.
Ni siquiera yo.

Filosofando

Se ha quedado oscuro,
no clarea.
Verde, blanca y negra,
su consuelo, su tierra.

Oscuro,
lo define todo,
y se queda con todo.
Oscuro escudo.

Qué pena que nadie
nos fusile al alba.

¿Qué hago yo aquí?
Filosofando yo solo.
¿Cómo salgo de aquí?
Ni lo intento.

Febrero

El desánimo no puede conmigo,
me abrazo a muerte a mi soledad.
Ya no espero nada de mi sino,
todo lo vivido se me ha vuelto tempestad.

Entre tormentas y mareas,
entre huracanes y sequías,
rayos, truenos y centellas,
creí que sobreviviría.

Agonizando en este inmenso instante,
con delirios pobres,
mi forma de ser constante
y mis detalles de oro con valores de cobre.

Hastiado en estos derroteros,
en esta cárcel llamada febrero.
Jirones y andrajos.
Nada, desgajado.
Varado.

Indisimulado rechazo.
Incluso espanto.
Firmaría para que esta tempestad
matara a toda la humanidad.

Pausa

Un momento dado,
un tiempo acordado.
No hay más daño
que no estar a tu lado.

Nuestra historia:
una utopía.
Mi vida daría
mientras escribía.

Historia de un momento,
poemario de este cuento.
Ahogo en mi llanto
todo lo que es cierto.

Victoria

No sabemos qué es cierto
y qué es irreal
del momento
o del lugar.

De la historia
o de la verdad.
De mi victoria
contra la realidad.

EN BUSCA DE MI SER

Lo que lleve por dentro

Vivir al borde del abismo
sin más peso que el de uno mismo.
Y descubrir nuevos lugares,
sin nada más de equipaje.

Sin sogas, sin planes,
sin reloj que me marque las horas.
Sin clavo ardiendo que me ate.

Sin amo, sin Dios, ni ley ni rey.
Plomo en las venas
para que no pesen las penas.
Solo lo que lleve por dentro,
este cuaderno es mi entero peso.

Cruel rehén

La vida ha sido siempre cruel
contra aquel que intentó ver
más allá de lo que se le dejaba,
más allá de lo que imaginaba.

La vida siempre ha sido cruel
con quien se esconde tras un papel,
con el que soñaba
que lo amaran.

La vida siempre quería ser cruel
contra el que luchaba,
el que resistía y vencía
a las embestidas lanzadas.

Contra el que caminaba
por sus propios senderos
sin conocer camino recto.

Contra el que erraba
por apostar por alguien.
Que apostaba sin ser rehén.

La vida es cruel
por cegarme,
por no dejarme
alzar la vista
y querer ver.

Dichos

Decidme que habéis ganado
pues todo alguna vez perdimos.
Y no cayó en el olvido
pues a veces es anhelado.

Decidme qué habéis visto,
pues no siempre quisisteis
ni tampoco pudisteis
conocer todo lo escondido.

Decidme que me equivoco,
decídmelo,
lo sé, lo conozco,
pero no me sabe a poco.

Decidme qué he dicho
y cómo lo han traducido.
Estaban en lo cierto,
fingen conocerme.
No soy un libro abierto,
no me apetece.

Digo algo
y piensa otro.
Río de algo
y he sido malo.
—Soy bueno.
—Algo malo.
Hago algo
y a alguien molesto.

—No hago nada.
—Baja, modesto.
—Me he equivocado.
Se callan las bocas
y todos contentos.
Y yo sigo con lo otro.

Ja.
«No hay lugar».
Dicen.
Entierro la cabeza
pero la otra piensa igual.
¿Me viste?
Fue acordado
al igual que deseado,
tú lo quisiste.

Un agujero
hecho con esmero.
Ella se siente bien,
pues yo también.

Soy un bicho raro,
yo solo me alimento,
voy a mi rollo
y nunca paro.
Poco me detengo
y me forman el pollo.

¿Qué he hecho?
Decir algo.

Pienso qué he hecho,
pues nada malo.

Qué pena
que esta sea mi condena,
aguantar y callar
para no darle más lugar.

¿He dicho callar?
Me he vuelto a equivocar.
No he durado ná.
Ja.

Eyaculador precoz,
en palabra y voz,
en cada rincón
y en cada canción.

Joder

Si pongo empeño
nada me sale.
Si pongo ganas
nada me vale.

Si hablo de dueño
no hay quien me gane.
Y si hablo de taras
aún más si cabe.

Joder, poder y querer.
En fin, lo dicho,
por este cuaderno me desangro,
sudo, pierdo y gano,
y esquivo algún nicho.

Joder, qué bien,
querer y meter.

Pistas

En el cuaderno de mis gilipolleces,
lleno de mierda y heces,
de banalidades y escalas de grises,
resurge la utopía de mis dioses.

Cabalgando sobre escalas,
riff y ritmos,
vuelve la espiral
en la que esquivar palabras.

Un cuaderno con sueño,
y sin dueño.
Muerto Morfeo
aquí está el trofeo.

Un ser bipolar acaba de nacer.
No sabe recitar, solo vivir.
Sabe improvisar, no deja de creer,
odia cantar, pero ama escribir.

Una hoguera con leña de imaginación
en la fogata de su improvisación
rugió quebrando las maderas
y las astillas son mis cadenas.

Mis poesías, mis astillas.
Mi ambrosía, mis pastillas.
Y en mis bolsillos pañuelos
con los que encender mi revolución.
Y en los creados vuelos
vienen a verme astillas de mi corazón.

Un pero no

Mi vida es arriesgar,
mi vida es dar,
quitar y regalar
todo lo que soy.

Mi vida es ser,
mi vida es creer,
mi vida es crecer
todo lo que doy.

Soy lo que doy,
lo que quito y regalo,
lo que sueño y disparo,
lo que creo
y lo que espero.

Así soy yo,
va sí, pero no.
Un morder y esperar,
un poder y disparar.

Bienvenidos a la demencia
del aprendiz de poeta,
al feliz de indirecta,
sin remedio ni ciencia.

Bienvenidos al oscuro rincón
de mi corazón,
donde nadie tiene cabida ni razón,
ni siquiera yo.

Soy reo de mis manos,
esquizofrénico de mi mente,
libre sin amos,
libre demente.

El rincón más oscuro de mi corazón
todo me lo enseñó.

Mi error

He regalado mi alma al diablo
para sentirme vivo.
Ha sido mi mayor error en la vida.

Ha sido mi mayor pago.
Y mi mente a débito,
una derrota en mi propia partida.

Al cielo pido perdón
por la vergüenza causada.
Una simple sinrazón
para mi alma dañada.

Me desquito de este error
con una marcada pausa.
Y decir que este no soy yo,
que ha sido solo un momento de bajada.

Lo siento, mi amor,
lo siento, corazón.
En esta vida pasada
no era yo.

En la noche marcada
y mala suerte señalada,
me curo de este error,
diciendo al cielo
lo siento
como únicas palabras.

Mi perdón

He desgastado toda canción
que hacía bailar a mi corazón.
Y en el oscuro rincón
vuelvo a recitar mi perdón.

Estas hojas en blanco
están esclavizadas
a ser mi confesionario.

Estas líneas marcadas
esconden verdades y engaños
de mi conciencia marchitada.

En guerra contra mí

Ya no quedan canciones
que consuelen
la mente enferma
de la soledad.

Ya no quedan canciones
que destiñan los colores
y conviertan el viaje
de mi vida a nuevos lares,
rompiendo los relojes
de los años y sus virajes.

Estoy en guerra contra mí,
mi enfermedad,
mi dormir
y mi soñar.

No quedan canciones
que hablen bien de mí.

Un lunar

Un lunar marca el amanecer
y el corazón, el ocaso.
Arriba es abajo.

Y según necesite cambiará de lado.
Del oeste vendrá la luz guía.
Sin miedo al amanecer
y nunca retroceder.

Si me da la gana correr
a un nuevo anochecer
ni siquiera el más bello eclipse
podrá parar mis pies.

Cuanto he soñado

He hecho cuanto he querido
y cuanto he soñado.
He hecho cuanto ha dolido
y cuanto han añorado.

He sido libre,
malo ante algunos ojos.
Pero con paso firme
he demostrado que no me equivoco.

He llorado
y también reído.
He sufrido,
pero de eso ya me desquito.

Creyendo cortarme las alas, pero solo me las ataron.
Se convencieron de que se callaron mis palabras
y afirmaron sin duda que estaba acabado.

Una vez más demostré
que no existe persona ni lugar
que pueda condenarme
a una eterna tempestad.

Ahora que me desquité
y que me desaté
de todo lo que no llegaba a ver,
ahora, por fin, volé.

Alcé la vista y el vuelo,
y dejé pistas de mi duelo.

Por fin soñé,
dormí y desperté.

Y un paraje verde vislumbré,
que no existe ser
que me pare los pies.

Solo para mí

Y una vez más,
filosofando por la vida,
alzando la vista
y soñándote a mi lado,
eres el cielo
y mi mayor confidente.
Demuestro
que no han puesto ataduras
a este poeta demente.

Terminar con otro intento de rimar,
que sigo estando aquí,
que no pudieron mis sueños derribar
y que soy mejor de lo que fui.

Terminar con soñar,
creer y volar,
deslumbrar y ver
que solo escribo para mí.

Lo he vuelto a hacer,
alzar el vuelo
que siempre soñé.

Larga espera

Días de lluvia
y de larga espera.
De cielos grises
y ojos nublados.

Mierda de día
y lluvias de mierda.
De ojos tristes
y cielos desconsolados.

Golpe de realidad

En busca de la realidad, en busca del ser,
me di un cabezazo contra la pared.

En busca de lo más bello que creía hasta el momento,
me hallo en mi camino despejado del ser,
que avanzando a pasos aletargados
estoy disfrutando lo que mis ojos llegan a ver.

Golpe de realidad, golpe de verdad.
No sé si por pura coincidencia
o juega conmigo algo que se escapa de mi ciencia.

Solo sé que es una lucha entre el ser, la realidad y lo real.
Solo sé que ha sido un regalo para mi tempestad,
un bocado dulce para mi animal
y una lección para mi estar.

Brotes arraigados

Despierto con una lanza en mi pecho
y en este tesoro deshecho
no caben más palabras,
y por primera vez rebotan en sus tablas.

Un tesoro guardado en caja,
ni ataúd ni ebanista.
Simple madera arraigada al suelo
donde brotan verdades y duelos.

Convertido en brote
ahora asciende a las nubes.
Improvisaciones de derroche,
su brote, su lumen.

Brotes arraigados,
su madera, su hogar.
Y arboles tan altos
son refugio, su lugar.

No quiero nada más.
Mis brotes verdes, mi hogar.

Mil poemas

Tengo mil poemas escondidos
en el más negro abismo
que mi corazón lascivo
supo inventarse dormido.

Tengo mil poemas esperando
a que den sus pasos mis manos.
Y sobre mantos blancos
mis más sucios secretos humanos.

Tengo cien hermanos inventados
y mil quinientas historias pensadas
en mi mente marchitada
con la esperanza de que no haya sido en vano.

Y en este sucio rincón mundano
encuentro el hogar donde descansar
sin rey, sin amo.
Solo improvisar.

Un tiro en la nuca

Sencillo y directo,
como un tiro en la nuca,
como el cigarro de después.
Como un te quiero sin miedos
y como un adiós sin respuesta.
Sencillo como el agua caer.

Directo sin saber por qué.
Añorado como un te quiero,
temido y sin miedo.

Un adiós en boca
y sin respuesta en alma.
Sin saber desemboca
en un porqué en calma.

Sencillo y directo.
Sin adiós.
Sin te quieros.
Sin agua caer.

Querer ser

Las sombras proyectadas por la luz de la vela muestran destellos y reflejo de los sueños. De lo que se quiere, de lo que anhela, de lo que se quiere conseguir.

Comienza la lucha interna entre querer y poder, corazón y razón, cordura y locura.

La lucha entre el yo y el ser.

La lucha entre querer ser yo y querer ser.

Mi vida

¿Qué he hecho?
Sino haber vivido.
¿Qué he pecado?
Todo lo que he podido.
¿Qué he añorado?
Sino recuerdos.
¿Qué he odiado?
Sino a mí mismo.
¿Qué he perdido?
No ser mi amo.
¿Que he vivido?
Todos los recuerdos.

Sin cuartel

Si me pongo a escribir
nada me sale.
Si me pongo a improvisar
no sé a dónde llegar.

Si espero a que lleguen a mí
inspiraciones de otros lares,
soy esclavo del tiempo
y cebado de dueños.

Si espero ante el papel
luchas internas sin cuartel,
pensando qué o no hacer,
me quedo a su merced.

Me preguntan por qué.
Y dudan en por quién.
Ni yo lo sé.

No saben que el brillo marchitado,
ajeno a cartas y destinos,
solo tiene de patrón cansado
notas y lápices gastados.

Que el añejo recuerdo
y el añojo escrito
vive sin dueño
en este viajado cuaderno.

Por agua

No a cantar,
sino a contar mis poemas
y a mirar al suelo por vergüenza.
A mirar al cielo por conciencia,
a apretar un puño
por echar de menos
y a tropezarme por cambiar la letra.

Por echar de menos, por simplicidad, por invención,
por asco, por agobio, por placer.
Por todo y por nada.
Por lluvia al caer.
Por agua,
naturaleza y ser.

Pequeña ascua

Avanzan grises nubes hacia inhóspitos cielos, barriendo toda luz candente, añeja y despistada que no supo que su hora estaba marcada.

Y en su fuego interno se demoró pensando en escenarios mejores, y tuvo la mala suerte y no los encontró.

Cambia mi letra en cada reglón, como mis pensamientos y mis manos se mueven bajo la inspiración.

Hago un esfuerzo por terminar la tinta y el papel sin saber a dónde llegaré, como único objetivo el de cumplir lo que fue y es el sueño aquel que perteneció al delirio de un crío.

Me invento nueva forma de escribir y nueva firma y mi mano se cansa de escribir. Intuyo que es el final de la realidad, que una pequeña ascua quedaba y tenía que aprovechar.

Sin decir nada, sin pensar, se me traban las palabras y mi mano no puede más, se me apaga la llama y vuelve la tempestad.

Se tornaron cobre los cielos nocturnos y me di cuenta de que se avecinaba oscuridad.

27 minutos

Y a 27 minutos de mi fecha señalada,
sigo las señales que marcan la mueca mellada
y me pregunto qué es para bien.
Flases, reflejos, horas marcadas
que me arden la sien.

Acabo y empiezo con ginebra y libreta en mano.
Me escondo y me aíslo del mundo.
Se me rompe una hoja y no soy quién.
Permanezco en silencio
y busco en mis sentimientos,
a quién encontraré.

Me fumo un cigarro y me echo otra copa,
arranco la hoja y vuelvo a nacer.
Intento encontrar esa frase
que me haga creer
y sin saber por qué
he vuelto a perder.

Por sensaciones
hago nuevos senderos
y ya sé por quién.
Mi madre y sus rosarios.
Sus espaldas y sus ovarios.
Gracias por creer en él.
No soy quien ni por qué.
Solo hago por beber y creer.

Prosa en verso

Convierto prosa en verso
y verso en prosa.
Y si digo que en algo miento
sigo mintiendo.
Oculto más aún de lo que habrá.
Y si digo que digo la verdad,
mi verdad,
es solo un intento
para no dejarme derribar
ni domesticar.

Ponerse a divagar

Si me pongo a divagar
y me da por pensar
que aún existe ese lugar,
donde seduje al paisaje
y conduje mi libertad
en pasajes
que no sé dónde están.

Entre más dudas
menos me da
que pensar,
y entre más actos
alimentados
de inercia demente
y menos cantos pensados
y dedicados
al tiempo de la ciencia carente.

Sigo estando aquí,
solo para unos pocos,
que en cierta forma
no me dejaron caer
y creer
que pude sobrevolar las nubes
y en mi mente ver todo arder.

Me invento cada frase
mientas mi interno viaje
me lleva por nuevos lares
lejos de la gente.

Solo una pluma,
cientos de papeles,
donde cabalga sin prisas
un niño desbocado.

Maravilloso pensar

Busco un poema que hable de lo infame,
de lo difícil, que sea
y se diga: qué maravilla.

Busco esa frase que convierta el barro en maravilla.
Hago prosa para convertirla en verso
y el verso en deseo del sueño del que aún soy preso.

Poemario de la historia de un momento,
recorro y rebusco
en todos los recuerdos
para encontrar algo precioso.

Una historia inventada o encontrada.
Un verso, una frase, un desliz, un momento feliz.

Nuevas palabras que aumentan la verborrea y el devaneo
y convierten lo estático en algo inquieto.
Una tempestad de no saber improvisar.

Es unipersonal, que se comparte con unos pocos y nadie es consciente del daño que produce esa desidia de la gente que simplemente en empatía suspende.

¿Quién soy y dónde estoy? Perdido en hojas en blanco que van absorbiendo el perfume hediondo de mis manos.

Huele a sal
pero no cala en los huesos
y roto el cristal

y transformado
en pesadilla
el idilio
y en delirio
la verdadera maravilla
quiero un punto tatuado
para toda la vida
que me recuerde
que sigo siendo humano
y aún me quedan mis manos.

Ni una coma en esta arcada descarnada.
Regurgito todo lo que he sentido
y vomito cualquier vestigio de idilio.

Me escondo en lo místico,
en cartas,
en cielos negros
y novelas inventadas.

Me escondo en vidrio y corcho,
en cebada,
en beodidades,
en palabras inventadas
y poesía encantada.
Se esconde más magia que verdades.

Busco raíces que soporten mi rama, busco plumas que acompañen este trazo, busco alas que calienten el nido desde donde alzar el vuelo. Vuelvo a erizarme al verme a tu lado.

En llanuras franqueadas de veras primaverales, escondo en abril el azul del cielo.

Llueve por mi culpa

Hoy llueve por mi culpa,
porque en un desquicio
cabreé al cielo
maldiciendo
sus cambios de tiempo.
Hoy el suelo está mojado,
por mi culpa,
porque en mi regazo
no hay consuelo,
solo daño, solo llanto.

Hoy el mundo entero va en mi contra,
y tanto de mí, no confío ni en mi sombra.

Hoy el cielo se viste de nubes rojas
y caen de ellas lágrimas rotas,
sin consuelo
ni divorcio de unas a otras,
pues se acompañan de mis lamentos.

Con este tintado llanto caen las últimas verdades
de las que no he sido ni el amo ni el santo.

Mis cadenas

La decepción encharca mis venas
y sin temor drogo a mis penas
para ahogar con sangre caliente de velas
lo que brota de mis cadenas.

Son ilusiones en mis retinas
cuando recorren tu presencia.
Y puñaladas en las tripas
cuando tomo conciencia.

Aunque mi mala rabia
desencadene momentos de añoranza,
me queda aún savia
para desnudarme en cada hazaña.

Hablando de lo que puedo y no quiero,
recorro mil recuerdos,
huyendo a lo más lejos,
al infierno.

Donde me esperan,
donde quiero.
Y mis recuerdos esperan
al frío invierno.

Llamas

Son llamas candentes
que surgen de negras paredes,
las que me hacen retroceder y pensar,
dudo de estar en lo cierto o de si es mi lugar
y si son olores de humedad
y aleteos de llamas encerradas
las que oxigenan mi pesar.

Quiero terminar y no soy capaz,
quiero galopar y no paro de escapar.
Y en el poemario de la historia de un momento
escondo mis mentiras y mis lamentos.

Un llanto

Y con reflejos brillantes de luces de coches y farolas, en la noche, sobre carreteras mojadas. Se acerca la fecha de inertes días en los que el único cometido era existir y sobrevivir.

Bajo sombra de velas rojas se escribe el daño de antaño, de recuerdos vitelinos que se aparecen como un álbum de fotos o como una alucinación de químicos.

¿Qué es esto?

Un canto al daño, arreglo y engaño.

Horas espejo

No sé si esconde algo, si intenta decirme algo,
o solo es mi imaginación inquieta que intenta
convertir toda una vida en un poemario.

Preso del engaño interno de mi mente,
miro al espejo con bruma en la frente
y los ojos en rojo candente,
jurándome a mí mismo
que en este escondido abismo
del retiro he encontrado una razón para mi sino.

Días de niebla

Son días de niebla lo que me gustan,
la ceguera por bruma lo que mis ojos buscan.
Y pensamientos introspectivos que me bruman.
Y llantos de poemas que mi corazón consuma.

Son retales quemados,
jirones rotos,
ovillos deshilachados
y palabras en llantos.

Son costuras con empeño
y olor a sangre.
Son noches tenues sin destellos,
sin hitos de nada grande.

Son improvisaciones mis días de niebla.
Son conversaciones de algo odiable.
Son aciertos, errores y caídas en mierda,
pestañeos, jirones y versos loables.

Hiel y mierda.
Amargura y soberbia.
Son miel y perpetua sierva
de lo que fue mi conciencia.

Ya no es nada.
Ni ciencia.
Ya no queda nada.
Ni filosofía.

Gota de agua

Estas palabras son una gota de agua en una corriente marina. Que fluye hasta la superficie y contempla un cielo despejado hasta que se evapora. Asciende y llega a tocar las nubes, viaja siguiendo los vientos, sin prisa, sin dueños. Contemplando lo hermoso, grande y efímero del universo y momento.

Engorda con sus propios credos y por sí misma decide caer a un lugar incierto y precioso. Se arrastra por el suelo para poder ver, hasta confluir acompañada en algún nacimiento.

Más tarde visita montañas, cuevas, naturaleza. Sirve para refrescar animales, raíces y vida.

Conoce tormentas, lluvias, iras y calmas. Y sigue su camino sin ningún destino. Viviendo mil instantes y legiones de momentos.

Para seguir una cíclica vida tan efímera y eterna como cada momento, como una gota de agua en el firmamento, como una gota de agua en la saliva de cada verso, como una gota de agua que inunda cada momento.

Mi deshonra

No sé si es la soledad que me ahoga
o mi afán de libertad que me encierra
en mi deshonra
y recorre a cada instante
mis pocas neuronas caminantes.

Me encierro y me ahogo
en vistas despejadas
y de miradas interesadas
en saber qué hago.

No encuentro nada interesante
que pida que me pare,
pues en este desierto azul marino
sobrevuelo gigantes abismos
de lágrimas mezcladas de todos los míos.

Conozco, sin duda alguna,
que si me tomo un descanso en estas aguas
descubriré que tengo un ancla a mis pies amarrada.

Moriré como he de vivir, junto con los míos,
convirtiendo en ríos todos los delirios,
todo lo que me pesa, para que rieguen orillas
y crezcan verdes praderas con todo lo vivido.

Y haber vivido sabiendo que hemos sido
y fuimos nosotros mismos.

Cáncer de mi voz

Es el cáncer de mi voz lo que me hace pensar,
divagar y escribir,
lo que me hace vacilar y mentir,
lo que se esconde tras una apariencia de calma
y asquerosa normalidad,
lo que recorre mis entrañas y conoce cada pico de desdicha.
Lo que odio. Y travieso convierto en cigarrera
para que mienta con verdadera apariencia.
Lo que mato y despellejo a cada momento
que la ocasión presenta.
Pues no tiene canción,
pues no tiene sitio en este rincón.

Un último poema

Quién soy, de dónde vengo y a dónde voy. Tres preguntas que marcan el intento de rimar al finalizar un último poema para enlazar todo lugar que me vio capaz y que me ayudó a no parar.

Un intento frustrado que consiga encauzar en los derroteros de mi mundo interior y ver cómo crecieron ángeles y demonios en todo aquello que ardió en su fuego interno. Me meto en filosofía y recorro los millares de cauces y caminos existentes, intentando crear o encontrar el que responde a mi nombre.

Lo encuentro y en cada guijarro puesto al camino, paro y miro un nuevo destino, solo un himno… cada vez más lejos, siendo yo mismo.

Mi espejo

Me han invadido horas espejo,
siendo fiel reflejo
de lo que de verdad espero.

Escondido tras rezar
ruegos y preguntas,
agazapado por mis pesos,
internos fuegos y respuestas.

Espero en lo incierto
de mi espeso desierto,
que tras el espejo
está mi propio reflejo.

De dónde vengo

Vengo del campo que no quiso mandar.
El ofrecimiento de guardia no era
ni su sueño ni su lugar.

Entre ovejas, leones, campos y regadíos
encontró su libertad.
Ni una azada marcaba su camino
ni a donde quería llegar.

Un padre escribió su camino.
Si era guardia, y con cuero
a las espaldas enseñó a disfrutar.

Dejó en el camino hijos y nietos
que nunca lo olvidarán.
Y se fue a volar y a encontrar
con su Soledad.
Pues no era orden, era apoyo
al andar.

Vengo de ver tejer ajuares y estar
siempre en su lugar.
De cómo hasta la niebla
hay que aprovechar.
Pues en la vida le enseñaron
a guardar.
Sin avaricia y sin prisa,
siempre en silencio mantenida
mantenía su hogar
danto todo por los demás.

Vengo de ver cómo se persigue
un sueño, y en la sociedad
lo condenaron solo al deseo,
pues no le dejaban dibujar.
Y entre los sueños encontró casa
donde quiere todo,
toda una vida estar.

Vengo de aprender
de sus golpes y estar.
Vengo de ver y disfrutar
la batería y el hogar.

Vengo de ser presente,
de cómo un corazón
da todo
por sus dos vientres.

Acompañando y regalando
alas de libertad y consejos sin dar.
Pues es tu ejemplo
nuestro más precioso hogar.

No es ni un momento ni un legado,
son ejemplos de vida, de lo que quiero,
y puedo
y soy capaz de amar.

Hastiado relente

Si me pongo a improvisar y menos planear
se me da mejor que si pienso lo que quiero escribir.
Pues entre bruma y negrura del presente
me da asco recibir.

Mucho más escribir
sin saber
qué decir.
Muero a cada instante
y gimo en cada trazo.
Me desangro
al a mí supeditarme.

Joder
en este hastiado relente.
Porque cuando amanece
y las entidades astrales
digan que este día no es para mí,
se habrá marchitado cualquier andrajo de mí.

Pues pensar se me da genial
pero actuar cada vez me cuesta más.

Tengo claro que lo que escribí
era verdad,
fui sincero
para mí.

Nadie puede regalarme hojas
que desnudarme puedan.

A dónde voy

Vestido con jirones de sueños, sigo cabalgando sobre escalas de grises y visto con ilusiones cada andrajo que queda sin sentir perteneciendo a un dueño. En derroteros de desidia marchita de filosofía, buceando para encontrar sentido a mi vida, en alta estima fuera de cualquier estigma y encontrar nuevo lugar con indisimulado rechazo a mi osadía. Me siento apátrida de todo hogar.

Que mi agónico canto, rodeado del lumen que me impone el lumpen, de la hora marcada y sentado en la ardora de cualquier playa, con verdes montañas regadas del rocío de la madrugada a mis espaldas. Me despido de lo vivido, 7 años después del sueño de un niño. Rubrico en un cuaderno en blanco cada momento que me deja su legado.

Que la ávida tormenta interna impuso sus trazos melódicos, quebrando la desierta negrura que me acompañó en este viaje apátrida.

Que este espanto de canto guarda la llave y el candado de mi testa que no para nunca quieta.

Entre filosofía y ciencia escondo las preguntas más demandadas: de dónde vengo, lo sé y a la vez desconozco; a dónde voy, a donde mis poemas me lleven.

Solo soy

Si no fuera este momento
una quimera
de todo lo que siento y pienso,
y en la flecha primera
el acierto de lo que quiero.

No sé qué quedaría,
si el engaño,
la utopía
o mi propio daño.

Si no fuera en este tiempo
el dueño
de mi compás y tempo
habría marchitado mi sueño.

Si no fuera capaz en este legado
de resarcirme del pasado,
lo siento, lo he intentado,
te quiero sin engaño.

Si no fuera en este momento,
tiempo y legado,
el dueño de mi pasado,
el jinete de mi presente
y un poeta demente,
no tendría la valentía
para intentarlo cada día.

Aquí estoy,
nunca pararé,
siempre volaré.
Y solo soy lo que doy.

Lo encontré

Me invaden los recuerdos, los miedos,
los sinsabores y los quehaceres.
¿Qué hago? No lo sé.
No es mi momento ni mi tiempo.
Pienso a deshora.
Pienso y soy mi deshonra.

Quiero salir,
escapar,
buscar algún lugar
y descansar.
Solo descansar.

Volver a ver,
a soñar,
disfrutar
y saber
que encontré mi lugar.

El libro de los abrazos

En un libro de Galeano,
en un rincón de versos enterrados
y cientos de páginas en blanco,
abren la inspiración
de un oscuro rincón
de mi corazón.

Poemario de la historia de un momento,
momento de la historia de un cimiento
para seguir con vida.
Yo soy mi auténtico guía.

Para seguir con las fuerzas marchitas,
germinando raíces y ramajes
para que florezcan con fuerza los días.
Y que mi vida, mi anhelo y sueño alcance.
Pues el momento es solo un viaje.

Renuncio

Renuncié a mi casa, a mi sitio y a mi lugar.
Renuncie a mi amnistía, a mi desierto y hasta a mi hogar.
Me fui del cauce que me marcaban los lares
a los que no quise llegar.
Me salí a la calle por donde no me dejaban pasar
y marqué como objetivo acabar ese viaje
que siempre quise empezar.

Llegado el momento de este presente errante
que me lleva por lugares que en mi pecho arden,
discuto con mi sombra
porque ella primero quiere llegar.

Adiós, corazón,
sangró demasiado
tu inundado rincón.

¿Qué es la vida?

La vida es mucho más sencilla de la que nosotros la hacemos.
La vida verdadera es vivir sin ataduras, sin miedos,
sin remordimientos y sin engaño al propio ser.
Es compartir con quien se quiere… sin cruzar
las fronteras que matan nuestra libertad.
Es vivir con quien se quiere… solo si nos aporta bienestar.
Es disfrutar de pequeños placeres… esos que solo tú conoces,
y compartirlos si te apetece.
Es tener tu espacio, tu vitalidad, tus errores y tus decisiones.
Es mucho más fácil vivir una vida simple…
respirar, sentir, reír y llorar, pensar y luego existir.

La vida es que te caiga la lluvia de camino a casa
y disfrutar de cada paso que has dado.
La vida son vientos en contra por cabezonería
hasta que sopla de otro lado.
La vida es sudor y sangre, en tropiezos
que momentáneamente hemos añorado.
La vida es soltar para ser uno mismo
y reconstruirse de lo que se fue o se quiere ser.

La vida es dar, regalar… pero no romperse
en mil pedazos que uno a uno hay que sacrificar.
La vida es serte fiel ante cualquier tempestad.
La vida es vivir en libertad.

Un día

Un día de recuerdos añejos,
de vino barato,
de whisky sin hielo.
Mejillas rajadas por lágrimas ardiendo,
tempestades internas
y verdades inciertas
de todo lo que un día callé.
Y hoy como magma recién parida
inunda cada caverna de mi ser.

Una vida carcelaria es la muerte de la esencia del propio ser.

Sobre las orillas

Voy a descansar sobre las orillas de cada amanecer,
tumbado frente al lienzo que se dibuja en el firmamento,
con más comodidad que un campo de hojas
donde apoyar mis huesos
y ver que no existe ni verdad ni blasfemia que quiten
a la inmensa inmensidad de abrir los ojos ante tal belleza.

Voy a perder mi razón por no querer decirte que no.

FRASES Y ESTROFAS SUELTAS

***

Ir a 200
aun con temor
acompañado de lo que pienso
y sin dolor.

***

En la calma de esta tempestad
que mis pensamientos abruman la verdad
encontré la calma y la felicidad
en este sitio repleto de humedad.

***

Entre mis pensamientos de soledad,
mis días de luz y oscuridad
y la distancia enviciada,
pasa el tiempo sin nada que recitar.

***

A mí no me ata nada ni nadie,
recorro mi camino sin molestarme
en qué dirán
o de qué hablen.

***

***

Y a mí aún nadie me ha vencido,
quise perder
ese último suspiro
para poder ver.

***

En esta inmensa intensidad,
en este pequeño lugar,
con naturalidad, sin más,
rodeados de tanta verdad.

***

Esconderme en el bosque de la sinrazón,
la locura
y el rincón más oscuro de mi corazón.

***

Que el mundo nos recuerde por soñar despiertos.

***

Hace tiempo quise escuchar esa voz,
pero, joder, ya no éramos tú y yo.

***

***

Con total naturalidad,
hago del escribir mi habilidad,
de decir lo que siento con la finalidad
de escupir para encontrar la felicidad.

***

La formación y la creación de las letras a veces es un juego y otras una tortura.

***

La vida, las acciones, los hechos, la forma de ser, la actitud, forma, concepto y por qué de cada uno está hecho todo en base, forma y a partir de recuerdos.

***

Nada me trajo la calma
después de la tormenta,
solo un reflejo
atormentado detrás del espejo.

***

Gracias por creer en la libertad de las palabras.

***

***

Y en tardes oscuras atormentadas
mi cabeza no para de dar vueltas.
Y en plumajes marcados
arrojo todo mi consuelo y llanto.

***

A pecho descubierto
y en páginas en blanco,
lloro en versos
escondiéndome en lo más perverso.

***

En el desespero más profundo del ser, se encuentra la llave maestra que abre los grifos del coraje y la valentía.

***

Un sinfín de mareas y oleajes, convencidos y aventurados a romper el dique que estorba a la vista libre.

***

Hay tantos universos de sentimientos que es imposible hablar de todos ellos.

***

***

Si me pongo a pensar,
si me pongo a divagar,
que si me importa esta mortalidad
o mejor viajo en ojos de libertad.

***

Esto es un ser vivo, un ser inestable.
Vuelves marcha atrás y es invisible.
Avanzas de nuevo
y es alguien viejo.
Mira atrás y no lo reconocerás.

***

Manchado de tintas,
impregnado de historias,
marchitado sin pistas,
viviendo del aire.

***

Solo soy la simple brisa producida en un aleteo.

***

Navego por mil historias, por mil canciones y arrebatos.

***

Y si crepito en mis adentros
y rebusco aún más dentro,
si fue o no fue
lo correcto,
ando bajo lo añejo
de la vida de mis sueños.

ÍNDICE

LETANÍAS PERENNES

LUCHAS INTERNAS

EN BUSCA DE MI SER

Este libro se terminó de editar en Granada
en octubre de 2024 por

Aliarediciones

www.aliarediciones.es
info@aliarediciones.es